Weihnachten

KOMMT IMMER SO

plötzlich!

DAS GROSSE BUCH DER LAST-MINUTE-IDEEN

IMPRESSUM

© 2017 arsEdition GmbH, Friedrichstr. 9, 80801 München
Alle Rechte vorbehalten

BILDNACHWEISE

Cover- und Innengestaltung:
Marielle Enders, Düsseldorf, www.itsme-design.de

Fotografien:
Bine Bellmann, Düsseldorf, www.binebellmann.com
Marielle Enders, Düsseldorf

Vignetten: Mia Charro, miacharro.com

ISBN 978-3-8458-2206-8

1. Auflage
www.arsedition.de

Weihnachten
kommt immer so
plötzlich!

DAS GROSSE BUCH DER LAST-MINUTE-IDEEN

arsEdition

Die Tage werden kürzer, das Licht neigt sich dem Abend – ein Herbstblatt segelt leise vom Sonnenlicht umspielt zu Boden und trägt den Abschied des Spätsommers in sich. Wehmütig schaue ich dem Blättertanz zu, spüre die wärmende Sonne auf meiner Haut und bestaune das wundervolle Farbspiel des prächtigen Blätterbergs vor meinen Füßen. Jahr für Jahr bin ich erneut vom Wechselspiel der Jahreszeiten fasziniert. Am liebsten würde ich einen Koffer voll Sonnenstrahlen und Farbenpracht für den bevorstehenden Winter packen, um meine Sehnsucht nach Licht und Wärme in der kalten Jahreszeit zu stillen. Versunken in dieser Fantasie, streift mein Blick meinen Kalender und ein leichter Schreck durchfährt meinen Körper. Oje – in zwei Wochen ist schon der 1. Dezember! Warum kommt Weihnachten immer so plötzlich? Gerade noch den Herbst bestaunt, steht das große Fest schon vor der Tür. Und ich habe das Gefühl, dass ich jetzt schon zu spät dran bin. Geht es dir ähnlich? Dann hältst du genau das richtige Werk in deinen Händen. Dieses Buch lässt dich nicht im Stich. Es ist an deiner Seite und du bist für alles rund um Weihnachten gewappnet. Lass dich inspirieren und gestalte dir damit eine festliche und entspannte Adventszeit.

Stimmungsvolle und kreative
Momente wünscht

Inhalt

08 // Sei vorbereitet! Weihnachten steht vor der Tür

10 // Los geht's – Die Weihnachtszeit-Checkliste

12 // Weihnachtswunschliste für die Lieben

14 // Mach's dir schön. Gut gerüstet fürs Gestalten

18 // 1-2-3-4 fertig! Adventskranz-Ideen

22 // 24 bunte Tüten. Butterbrottüten-Adventskalender

24 // O du fröhliche! Dein Weihnachtszeit-Glückstagebuch

28 // Weihnachtsstimmungs-Barometer

32 // Alles eine Frage der Organisation. Die Geschenke-Erinnerungsliste

34 // Schenken leicht gemacht

35 // Druckzuck verpackt. Geschenkpapier drucken

40 // Tolle Tüten für schöne Geschenke

44 // Der kleine Weihnachtszauber. DIY-Geschenkidee

48 // Ab die Post! Washi-Tape-Weihnachtskarten

52 // Deine kleine Weihnachtsauszeit. Achtsamkeitsübung

56 // Festtage planen. Wer feiert mit wem?

60 // Runde Sache. Kugeln aus Reißzwecken

62 // Ganz schön anhänglich! Weihnachtliche Drahthänger

64 // Paper Love. Christbaumschmuck aus Papier

70 // Sterne aus Butterbrotpapier

72 // Pompom Love. Pompoms selber machen

74 // Transparenter Baumschmuck

78 // Natur pur. Dekoration aus Ästen

80 // Windlicht aus Ästen

82 // DIY-Schneekugel

84 // Tannenbäumchen-Stelldichein

88 // Tischlein deck dich. Tischdeko mit Tafelfarbe

90 // Handlettering-Lichterzauber

94 // Edle Steine. Als Dekoration oder Platzkarten

96 // Komm, wir stoßen an! DIY-Sternglasanhänger

98 // O Tannenbaum! Weihnachtsbilder selber machen

100 // Frohes Fest. Weihnachten in Infografiken

104 // Gibt es einen Weihnachtsmann? Ein ungewöhnlicher Brief

106 // Der kleine Harmoniestifter-Button zum Selbermachen

107 // Zusatzmaterial. Vorlagen zum Ausschneiden und Basteln

WEIHNACHTEN
STEHT VOR DER TÜR

Bis kurz vor Weihnachten nimmt das Jahr noch mal so richtig Fahrt auf. Die Tage werden kürzer und die To-do-Listen länger. Sei vorbereitet und nimm es mit einem Lächeln. Auf den folgenden Seiten findest du Praktisches und Humorvolles zur Weihnachtsplanung.

Los geht's

DIE WEIHNACHTSZEIT-CHECKLISTE

- ☐ Der 1. Advent naht – Seite 18 aufschlagen oder Adventskranz besorgen
- ☐ Noch 24 Tage – jetzt aber schnell einen Adventskalender basteln (Seite 22)
- ☐ Durchatmen
- ☐ Wohnung mit Kerzen und Dekoration in Weihnachtsstimmung bringen
- ☐ Weihnachtsstimmung und Vorfreude genießen
- ☐ Plätzchen backen
- ☐ Plätzchen essen
- ☐ Darüber nachdenken, ob ich nächstes Jahr wieder Sport machen sollte
- ☐ 5.12. artig sein und Stiefel putzen
- ☐ 6.12. nachschauen, ob was im Stiefel war

- [ ] Noch artiger sein oder mal ein Wörtchen mit Nikolaus reden
- [ ] Geschenkeplanung organisieren: „Wer bekommt was?" (Seite 32)
- [ ] Gutes tun
- [ ] Auf den Weihnachtsmarkt gehen
- [ ] Glühwein trinken
- [ ] Christbaum kaufen
- [ ] Christbaum schmücken
- [ ] „O du fröhliche" – Weihnachtslieder üben
- [ ] Weihnachtstage planen (Seite 56)
- [ ] Weihnachtsessen planen
- [ ] Füße hochlegen
- [ ] Familie einladen
- [ ] Streiten über „Wer feiert mit wem, wann und wo?"
- [ ] Familie ausladen
- [ ] Flugticket buchen
- [ ] Flugticket stornieren
- [ ] Doch mit der Familie feiern – für alle Fälle Seite 106 aufschlagen
- [ ] Unter dem Weihnachtsbaum sitzen und zufrieden sein

Wünsch dir was!

Es ist so schön, wenn Wünsche in Erfüllung gehen und das perfekte Geschenk unterm Baum liegt. Damit die freudige Überraschung gelingt, frag doch einfach mal die Liebsten, was sie sich wünschen, und schreib es auf.

WEIHNACHTSWUNSCHLISTE
FÜR DIE LIEBEN

...und was wünschst du dir selbst?

WEIHNACHTSWUNSCHLISTE
NUR FÜR DICH

MACH'S DIR SCHÖN

GUT GERÜSTET FÜRS GESTALTEN

Gestalte dir das Fest nach deinem Geschmack und mach es dir schön! In diesem Buch findest du einige einfache und schöne Weihnachtsdekorationen zum Selbermachen. Um gut dafür gerüstet zu sein, hier ein paar Materialideen fürs Gestalten:

Washi-Tapes (Masking Tape, Klebebänder) – Diese gibt es in ganz unterschiedlichen Farb- und Mustervarianten. Stell dir deine persönliche Farbkombination zusammen.

Sprühfarbe – Mit Sprühfarbe kommst du schneller ans Ziel. Der Vorteil dieser Farben ist der gleichmäßige Farbauftrag. Wunderschöne Farbkombinationen sind Metallic- (Rosé-gold, Silber, Gold) und Pastelltöne (Rosé, Mint, Graublau). Magst du es frecher? Kombiniere Schwarz, Weiß, Gold und Silber mit einer Neonfarbe, z. B. Pink oder Gelb.

Klebstoffe: Bastelkleber, Klebestift und Heißkleber

Schneidewerkzeug: Für den Zuschnitt benötigst du kleine und große Scheren oder Skalpell und Schneidematte.

Papiere & Bänder: Schöne Dekopapiere, Seidenpapier, Butterbrottüten und Bänder runden dein Bastelsortiment ab. Mit Washi-Tapes kannst du auch Dekopapiere erstellen, indem z. B. ein A4-Blatt mit Klebestreifen gefüllt wird.

Naturmaterialien: Äste, Blätter und Steine lassen sich mit etwas Farbe und Kreativität in wahre Schmuckstücke verwandeln.

Gläser: Aus alt mach neu. Schöne Gläser und Flaschen aus dem Altglas werden im Handumdrehen zu wunderschönen Dekostücken umgewandelt.

VORLAGEN & SONDERMATERIAL

Mit den beigefügten Vorlagen (ab Seite 107) in diesem Buch können viele Ideen leichter umgesetzt werden. Zum Übertragen dieser Vorlagen gibt es zwei Möglichkeiten:

1. Übertrag mit Stift und Papier: Zuerst mit Transparentpapier die Vorlagen abmalen, dann die Rückseite des Transparentpapiers vollflächig mit einem sehr weichen Bleistift schraffieren. So erstellst du ein Pauspapier. Das Motiv auf den gewünschten Untergrund (z. B. dicker Karton, Klappkarte) legen und mit einem harten Bleistift nachzeichnen. Die schraffierte Bleistiftschicht auf der Rückseite des Papiers bleibt an den Stellen haften, wo Druck aufgewandt wurde, und das Motiv ist somit auf den neuen Untergrund übertragen.

2. Aufnahme mit der Kamera: Fotografiere die Vorlagen mit deinem Smartphone oder einer Kamera und drucke diese aus. Achte dabei auf die Größe des Ausdrucks.

Ab Seite 107 kannst du fertige Vorlagen heraustrennen und ausschneiden.

Los geht's – die Tage sind gezählt. Noch 24-mal schlafen und dann ist Weihnachten. Steigere die Vorfreude mit Licht, Liebe und kleinen Überraschungen.

ADVENTSKRANZ-IDEEN

Erst eins, dann zwei, dann drei, dann vier, dann steht das Christkind vor der Tür. So schnell kann es gehen. Damit dich der erste Advent nicht kalt erwischt, hier drei einfache Ideen, die dein Zuhause zum Leuchten bringen werden.

VERSION 01 *(mit großen Kerzen)*

- vier große Kerzen
- ein breites Geschenkband
- vier kleine Dekowäscheklammern (oder Büroklammern)
- durchsichtiges Klebeband
- vier Labels mit den Zahlen 1 bis 4 gestalten

Umfang der Kerzen messen, Dekoband in der richtigen Länge zuschneiden. Labels mittig am Band mit der Klammer befestigen – um die Kerze legen und mit Klebeband befestigen.

WICHTIG:
Da Version 01 nicht zu 100 % feuersicher ist, bitte die Kerzen nicht unbeaufsichtigt brennen lassen!

VERSION 02 *(mit Weckglas und Teelichtern)*

- vier gleich große Gläser (z. B. Weckgläser)
- Dekoklebebänder, mit denen das Glas verziert wird
- vier kleine Dekowäscheklammern
- vier Labels mit den Zahlen 1 bis 4 gestalten

Gläser mit Masking Tape verzieren, Labels mit den Wäscheklammern am Glas befestigen, Teelichter ins Glas legen – fertig.

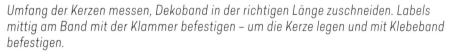

DER TEELICHT-ADVENTSKRANZ

VERSION 03 *(aus vier Teelichtern)*

Das hier ist der wahrscheinlich kleinste Adventskranz der Welt. Eine süße Idee für zu Hause, fürs Büro oder zum Verschenken. Dazu vier Teelichter mit Washi-Tape rundherum bekleben und die Zettel mit den Zahlen 1 bis 4 aufbringen (Zusatzmaterial im Anhang Seite 111). Gestapelt als Turm in einer transparenten Geschenktüte verpackt, wird das kleine Geschenk den großen Kränzen mit Sicherheit die Schau stehlen.

BUTTERBROTTÜTEN-ADVENTSKALENDER

Mit diesen kleinen, bunten Tüten kommst du im Advent groß raus. Diese Überraschungen für die Liebsten sind noch dazu ganz schnell gebastelt. Beklebe 24 Holzklammern mit Washi-Tape, schneide die Schilder mit den Zahlen (Zusatzmaterial im Anhang, Seite 109 bis 111) aus, befülle 24 Butterbrottüten mit kleinen Geschenken und hefte die Schilder mit den Klammern an die Tüten. Die Tüten kommen in einer Schale oder einem Korb gut zur Geltung. Als Wanddekoration kannst du sie außerdem an einer dicken Schnur befestigen. Viel Freude beim Verschenken!

O du fröhliche!

 DEIN WEIHNACHTSZEIT-GLÜCKSTAGEBUCH

Mit diesem Glückstagebuch für die Weihnachtszeit kannst du jeden Tag einen kleinen glücklichen Moment festhalten. Das herzhafte Lachen eines Kindes, den Tanz der ersten Schneeflocken oder den Duft von gebrannten Mandeln – das Glück liegt in den kleinen Dingen. Schreibe sie auf, und du wirst sehen, wie viele schöne Augenblicke bis Weihnachten geschehen.

1. Dezember

2. Dezember

3. Dezember

4. Dezember

5. Dezember

6. Dezember

7. Dezember

8. Dezember

9. Dezember

10. Dezember

11. Dezember

12. Dezember

13. Dezember

14. Dezember

15. Dezember

16. Dezember

17. Dezember

18. Dezember

19. Dezember

20. Dezember

21. Dezember

22. Dezember

23. Dezember

24. Dezember

WEIHNACHTSSTIMMUNGS-BAROMETER

Weihnachten ist die Zeit der Besinnlichkeit, der Einkehr und Freude. Doch auf dem Boden der Tatsachen liegt oft zu wenig Glitzer, Glanz und Gloria. Mach den Realitätscheck und dokumentiere, wie deine Stimmung bis zum großen Fest ist.

★	😇	😍	☺️	😐	😬	😳	🥺	😜
01.12.	○	○	○	○	○	○	○	○
02.12.	○	○	○	○	○	○	○	○
03.12.	○	○	○	○	○	○	○	○
04.12.	○	○	○	○	○	○	○	○
05.12.	○	○	○	○	○	○	○	○
06.12.	○	○	○	○	○	○	○	○
07.12.	○	○	○	○	○	○	○	○
08.12.	○	○	○	○	○	○	○	○
09.12.	○	○	○	○	○	○	○	○
10.12.	○	○	○	○	○	○	○	○
11.12.	○	○	○	○	○	○	○	○
12.12.	○	○	○	○	○	○	○	○
13.12.	○	○	○	○	○	○	○	○
14.12.	○	○	○	○	○	○	○	○
15.12.	○	○	○	○	○	○	○	○
16.12.	○	○	○	○	○	○	○	○
17.12.	○	○	○	○	○	○	○	○
18.12.	○	○	○	○	○	○	○	○
19.12.	○	○	○	○	○	○	○	○
20.12.	○	○	○	○	○	○	○	○
21.12.	○	○	○	○	○	○	○	○
22.12.	○	○	○	○	○	○	○	○
23.12.	○	○	○	○	○	○	○	○
24.12.	○	○	○	○	○	○	○	○

WEIHNACHTSSTIMMUNGS-ERGEBNIS
Welche Stimmung hast du am häufigsten angekreuzt?

Halleluja! Du bist ganz nah an der Heiligsprechung – ein wahrer Weihnachtsprofi. So schnell reicht dir niemand das Wasser in Sachen Tiefenentspannung und Glückseligkeit. Hut ab und weiter so!

Zähne zusammenbeißen, Augen zu und durch. Auch wenn es mal turbulent zugeht, bekommst du am Ende doch alles geschafft. Das Ergebnis zählt.

Du liebst das Leben und machst Weihnachten zu dem, was es ist – dem Fest der Liebe. Mit deinem herzlichen Gemüt verbreitest du Frohsinn und Gelassenheit. Mit dir würde ich sofort Plätzchen backen.

Die Tage bis Weihnachten stellen dich vor so einige Herausforderungen. Kurz vor dem großen Fest fasst du den Entschluss: „Nächstes Weihnachten wird alles besser." Nur Mut – alles eine Frage der Organisation!

Du nimmst das Leben, wie es kommt, und machst das Beste draus. Gleichmut ist dein bester Freund und du meisterst die Tage bis Weihnachten mit Bravour.

Das Fest der Feste bringt dich ordentlich ins Schwitzen. Die Plätzchen brennen an und Opa packt statt der Socken die Spielkonsole vom Enkel aus. Auweia! Dein Credo fürs Fest sollte lauten: „Das Genie beherrscht das Chaos."

Du freust dich auf Weihnachten, auch wenn zu viele Termine und Erledigungen dich ab und zu nerven. Unterm Baum ist dann die Welt wieder in Ordnung und du kommst zu guter Letzt doch noch in Weihnachtsstimmung.

Wann war noch mal Weihnachten? Und wieso kommt es immer so plötzlich? Weihnachten ist nicht dein Fest – zu viele Verpflichtungen treiben dich fast in den Wahnsinn. Buche dir einfach einen Flug und mach Urlaub.

SCHENKEN WIR UNS
NIX, *oder?*

Dieses Jahr fange ich früher an mit den Geschenken! Oder wir brechen einfach mit den alten Traditionen und schenken uns einfach nix? Socken gehen ja immer. Oder einfach nur ein Gutschein? Kurz vor Weihnachten geht der Geschenkeendspurt los. Die Suche nach der perfekten Überraschung wirft jede Menge Fragen auf und die Stimmung schwankt zwischen Euphorie und Wahnsinn. Dabei macht Schenken doch so viel Freude. Lass dich nicht aus der Ruhe bringen und schenke mit Herz und Verstand. Ein paar Anregungen und hübsche Verpackungen lassen deine Ideen gut dastehen.

Alles eine Frage der Organisation

WER BEKOMMT WAS? — UND WIESO?

DIE GESCHENKE-ERINNERUNGSLISTE

Während die Chaotischen mit Schweißperlen auf der Stirn von Geschäft zu Geschäft hecheln, lehnen sich die Strukturierten zwei Wochen vor Weihnachten zurück und werfen lächelnd mit kleinen Provokationen um sich wie: „Stress macht man sich nur selbst!" oder „Alles eine Frage der Organisation!" Mit dieser Liste kannst du dieses Jahr ganz lässig sagen: „Ach, Geschenke? Die hab ich doch alle schon im November gekauft!"

Wer wird mit was beschenkt?

Wir schenken uns nix:

Schenken leicht gemacht
AUF DIE PÄCKCHEN, FERTIG, LOS!

Die Bescherung ist bei vielen das zentrale Ereignis an Heiligabend. Große Geschenkeberge stapeln sich unter den Weihnachtsbäumen und mit Eifer stürzt sich die Familie auf dieselben. Leider treffen die Überraschungen nicht immer direkt ins Schwarze.
Doch was macht ein gutes Geschenk eigentlich aus? Im Grunde ist es ganz einfach!
Hier ein paar Tipps und Tricks, wie du zur perfekten Geschenke-Spürnase wirst:

1. **Hör gut zu.** Am besten fängst du damit schon im Oktober oder November an, damit genügend Zeit bleibt, um Informationen zu sammeln.

2. **Beobachte genau.** Ein echter Geschenkeprofi nimmt jede Aktivität, Schwingung und Gefühlsregung wahr und speichert sie ab.

3. **Sei selbstlos.** Kaufe, was ihr / ihm gefällt und NICHT DIR.

4. **Verzichte auf gut gemeinte, motivierende Geschenke,** wie z. B. das neue Diätkochbuch oder eine 10er-Karte für den Fitnessclub, wenn der Beschenkte eher einen Waschbär- statt Waschbrettbauch hat.

5. **Im Zweifel geh auf Nummer sicher.** Du hast keine Idee und dir fällt einfach nicht das passende Geschenk ein? Dann wähle die sichere Variante und verschenke einen Gutschein.

6. **Verschenke doch mal Zeit.** Gemeinsame Erlebnisse sind doch oft die schönsten Geschenke.

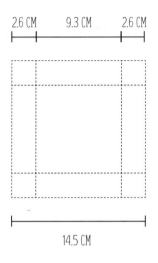

Maße Deckel

Label-Foto-/Kopiervorlage

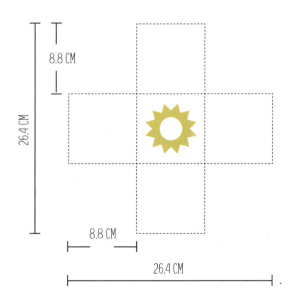

Maße Box unten

Anleitung zum Abfotografieren

AB DIE
POST!

WASHI-TAPE-
WEIHNACHTSKARTEN

Washi-Tapes bieten vielseitige Gestaltungsmöglichkeiten und verleihen deiner Weihnachtspost eine individuelle Note. Muster, Farben und Texte können perfekt aufeinander abgestimmt werden. Zum Erstellen der Washi-Tape-Weihnachtskarten brauchst du eine kleine Auswahl an Klebebändern, Blanko-Klappkarten, eine Schere und Kleber. Zuerst wird die Basis erstellt, indem ein A4-Bogen Papier mit Washi-Tape-Streifen beklebt wird. Aus diesem Bogen werden die Formen ausgeschnitten, z. B. runde Kugeln, dreieckige Bäume oder Engelsflügel. Die ausgeschnittenen Formen werden auf die Klappkarten geklebt. Ein toller dreidimensionaler Effekt wird erzielt, wenn die Flügel nicht aufgeklebt werden, sondern in der Mitte gefaltet und mit ein paar Stichen auf die Karte genäht werden. Das verleiht deiner Weihnachtspost wahre Flügel.

Die Vorlage für diesen Türhänger findest du auf Seite 107.

DEINE KLEINE
WEIHNACHTSAUSZEIT

Gönne dir vor dem großen Fest mal eine kleine Weihnachtsauszeit und mach die „Stille Nacht" zu dem, was sie eigentlich sein sollte – eine Zeit voller Ruhe und Einkehr. Oft sieht die Realität leider anders aus. Termine und Erledigungen füllen den Kalender und bestimmen den Alltag. Es bleibt kaum Zeit zum Besinnlichsein. Hier findest du ein paar kleine Übungen und Inspirationen für eine entspannte Vorweihnachtszeit.

ACHTSAMKEITSÜBUNG

Atemübung „Bauchatmung": Setze dich in eine entspannte, aufrechte Position. Nimm bewusst deine Sitzfläche wahr, lass die Schultern fallen und lege beide Hände auf den Bauch. Jetzt atme tief ein, sodass sich deine Hände beim Ein- und Ausatmen heben und senken. Versuche dich nur auf die Atmung zu konzentrieren – wie die Luft leicht an deiner Nase kitzelt – deine Bauchdecke sich hebt und senkt – wie dein Atem ein- und ausströmt. Nimm dir dafür mindestens 5 Minuten Zeit am Tag. Die Atemübung hilft Stress zu senken und Anspannung zu lindern.

Kerzenmeditation: Zünde eine Kerze an und nimm in einer entspannten Position davor Platz. Versuche dich nur auf die Bewegung der Flamme zu konzentrieren – wie sie im Luftzug flackert – der Tanz kleiner Funken – die Farben der Flamme. Versuche dabei an nichts zu denken. Wenn Gedanken kommen, stell dir vor, sie wären Blätter, die von der Strömung eines Flusses davongetragen werden. Diese Übung beruhigt das Gedankenkarussell. Je häufiger du übst, umso leichter wird es dir fallen, einfach mal nicht zu denken.

DIE GRÖSSTEN EREIGNISSE, DAS SIND NICHT UNSERE LAUTESTEN, SONDERN UNSERE STILLSTEN STUNDEN.

Friedrich Nietzsche
1844 – 1900

NUR IN EINEM RUHIGEN TEICH SPIEGELT SICH DAS LICHT DER STERNE.

Chinesisches Sprichwort

WER DAS ZIEL KENNT, KANN ENTSCHEIDEN.
WER ENTSCHEIDET, FINDET RUHE.
WER RUHE FINDET, IST SICHER.
WER SICHER IST, KANN ÜBERLEGEN.
WER ÜBERLEGT, KANN VERBESSERN.

Konfuzius
551 – 479 v. Chr.

ETWAS IST VOLLKOMMEN,
WENN DU ES SEIN LASSEN KANNST,
WIE ES IST.

Zen-Weisheit

DIE VIELFALT DER UNTERSCHIEDE
FREUDIG ZU AKZEPTIEREN,
DARIN LIEGT DER WAHRE REICHTUM.

 Zhuangzi oder Tschuang Tse,
365 – 290 v. Chr

Festtage planen
WER FEIERT MIT WEM?

Wo feiern wir eigentlich dieses Jahr? Ihr kommt doch zu uns, oder? Letztes Jahr waren wir schon bei deinen Eltern! Jedes Jahr das gleiche Spiel. Wer früh plant, kann sich entspannt zurücklehnen. Mach es direkt schwarz auf weiß:

Am **24.12.** feiern wir bei & mit:

....
....
....
....
....

Am **25.12.** feiern wir bei & mit:

....
....
....
....
....

Am **26.12.** feiern wir bei & mit:

....
....
....
....
....

Abgemacht am (Datum):
....

mit:
....
....

Unterschrift

56

A TÄNNSCHEN
please!

An die Bäume, fertig, los! Schmucke Stücke und edle Steine werden dieses Weihnachten deine Wohnung und deinen Baum verschönern. Lass dich inspirieren und gestalte deine neuen Dekolieblinge.

RUNDE SACHE
KUGELN AUS REISSZWECKEN

Besondere Kugeln im Nietenlook! Diese Glanzstücke sind einfach gemacht: Styroporkugeln werden einfach mit Reißwecken bestückt. An der Spitze der Kugel wird angefangen und reihum Zwecke an Zwecke gesteckt. Bei einer Styroporkugel von etwa 21 cm Umfang benötigst du ca. 250 Reißzwecken. Die Kugel hat später ein ordentliches Gewicht. Zum Aufhängen sollte eine stabile Öse hineingeschraubt werden. Oder du dekorierst sie einfach auf einem schönen Teller.

CA. 250 REISSZWECKEN PRO KUGEL

21 CM UMFANG

Ganz schön ANHÄNGLICH!

WEIHNACHTLICHE DRAHTHÄNGER

Diese drahtigen Hänger benötigen etwas Fingerspitzengefühl. Aber sind sie erst mal vollbracht, werden sie viele Anhänger finden. Auch als kleines Geschenk sind diese Baumhänger etwas ganz Besonderes. Eine Schablone aus Wellpappe macht die Arbeit mit dem Draht leichter. Bei der Auswahl des Drahtes solltest du auf die Biegsamkeit achten. Zu dicker Draht macht dir das Bastelleben schwer und zu feiner Draht behält nicht so gut seine Form. Am besten arbeitest du mit Dekodraht. Der lässt sich leicht biegen und behält gut seine Form. Mit Washi-Tapes lassen sich kleine Botschaften an die Drahthänger zaubern und mit Dekopapier kann die Form noch ausgeschmückt werden.

FORM AUS WELLPAPPE AUSSCHNEIDEN

DRAHT ENTLANG DER PAPPE MIT FLACHZANGE BIEGEN

CHRISTBAUMSCHMUCK AUS PAPIER

Diese schönen Hänger aus Papier zaubern Glanz und Gloria an den Baum. Die Gestaltungsmöglichkeiten sind vielfältig. Form und Papier machen die gefächerten Schmuckstücke zu echten Lieblingen. Mit Washi-Tapes kannst du dir ein eigenes Muster erstellen. Beklebe einen A4-Bogen mit Tapes und schneide aus diesem Bogen die Formen aus. Metallische Papiere werten die Kugeln auf und stellen mit ihrem Glanz so manche echte Christbaumkugel in den Schatten. Formvorlagen für einen Teil dieser Anhänger findest du auf der nächsten Seite. Entdecke deine Papierliebe und leg los.

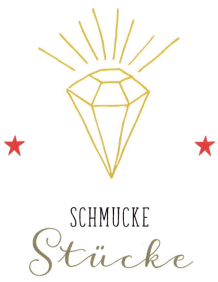

SCHMUCKE
Stücke

DIAMANTEN & CO

„Diamonds are a girl's best friend!" Bei diesen Baumhängern wird selbst Tiffany neidisch. Die schmucken Stücke lassen sich ganz einfach gestalten. Mindestens sechs oder mehr gleiche Formen aus Papier ausschneiden und in der Mitte falten. Danach Seite an Seite kleben, bis die Form geschlossen ist. Vorlagen findest du auf dieser Seite. Bevor die Form geschlossen wird, noch eine Schnur mit Schlaufe in die Mitte kleben. Und jetzt ab an den Baum mit den kleinen Schmuckstücken!

aus
BUTTERBROTPAPIER

EINFACHE STERNE MIT GROSSEM WOW-EFFEKT

Leicht und schön sind diese zarten Dekosterne aus Butterbrottüten. In kürzester Zeit sind sie gebastelt und so einfach in der Umsetzung, dass man sie gut zusammen mit Kindern herstellen kann. Ein Dekospaß für die ganze Familie. Pro Stern benötigst du mindestens sieben Tüten. Je mehr Tüten, umso gefächerter wird der Stern. Die Tüten werden gestapelt aufeinandergeklebt. Hierzu in T-Form den Kleber mit einem Klebestift auftragen. Die geschlossene Seite der Tüte liegt unten. Am Ende die Seiten beschneiden, eine Schnur mit Schlaufe auf eine Seite kleben, den Stern öffnen und mit Kleber schließen. Fertig ist der Sternenschmuck!

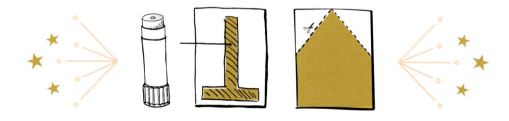

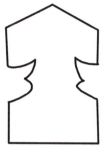

Die Deluxe-Version der Butterbrotsterne entsteht, wenn du die Form detaillierter beschneidest. Hier zwei Beispiele dazu.
Achte darauf, dass an den Seiten genügend geschlossene Flächen bleiben, da sonst der Stern auseinanderfällt.

Mit Sprayfarbe kannst du den weißen Sternen noch einen besonderen Anstrich geben. Siehe dazu Foto Seite 68.

71

Pompom LOVE

POMPOMS SELBER MACHEN

Entdecke deine Liebe für pompöse Weihnachtsdekoration mit luftig leichten Pompoms aus Seidenpapier. Das Seidenpapier wird mehrlagig im Zickzack gefaltet (1) und in der Mitte mit einer Schnur zusammengebunden. Die Enden schräg abschneiden (2). Jetzt die einzelnen Papierschichten nach oben und unten auffächern (3), sodass eine gleichmäßige Form entsteht. Hier ist etwas Achtsamkeit gefragt, damit das dünne Papier nicht reißt. Übung macht den Meister.

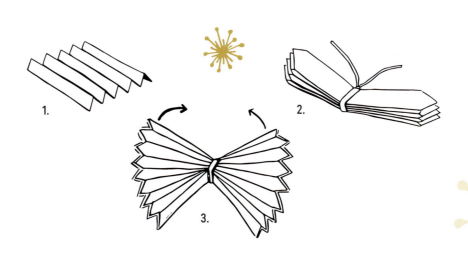

Transparenter
 BAUMSCHMUCK

Dieser Baumschmuck lässt tief blicken, denn hier kommt es auf die inneren Werte an. Transparenz, Bewegung, Schrift und Form wirken spielerisch zusammen und wecken die Neugierde des Betrachters. Im ersten Schritt werden aus Transparentpapier zwei gleiche Formen ausgeschnitten, z. B. ein Baum oder Stern. Danach kann der Stern mit Schrift (siehe Vorlagen nächste Seite) oder Ornamenten verziert werden. Im zweiten Schritt werden die Seiten mit der Nähmaschine oder per Hand zugenäht. Davor die Form mit Stanzlingen und Glitzer befüllen. An der oberen Seite mit dem Nähen beginnen und am Schluss so viel Faden übrig lassen, dass du damit eine Schlaufe zum Aufhängen machen kannst.

Mit einem normalen Locher wird das Baumanhänger-Konfetti (Stanzlinge) erstellt. Du kannst natürlich auch spezielle Stanzformen mit Sternen oder Bäumen dazu benutzen. Dann streust du noch ein wenig Glitzer oder Dekoschnee dazu, und fertig ist die Baumhängerfüllung!

Das Schriftbild mit einem Lackstift oder deckenden Filzstift übertragen.

Glitzer & Stanzlinge

Merry
CHRISTMAS

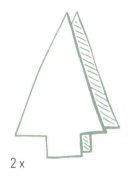

2 ×

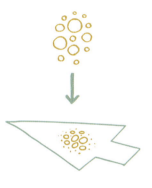

Schriftbildvorlagen

Frohes
FEST

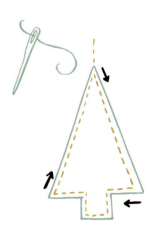

DEKORATION AUS ÄSTEN

Diese Dekoration ist etwas für echte Naturburschen und -mädchen. Gesammelte Äste werden auf die gewünschte Länge beschnitten und nacheinander mit Heißkleber auf den Untergrund geklebt. Gute Vorarbeit beim Baumbild erleichtert später das Kleben. Auf einer stabilen Holzplatte oder einer Leinwand kommt das Naturbild am schönsten zur Geltung. Zuerst das Dreieck mit Bleistift auf den Untergrund zeichnen und danach die Äste verjüngend zuschneiden. Vor dem Fixieren mit Heißkleber am besten eine Probelegung mit den Aststücken machen. Fertig ist das Naturkunstwerk!

 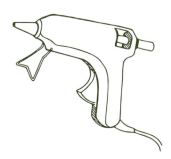

Windlicht

Ein tolles Designstück ist das Windlicht aus Ästen, das auch nach Weihnachten noch winterliche Romantik in der Wohnung versprüht. Für die Umsetzung brauchst du ein Glas in der Größe eines Gurkenglases. Die gesammelten Äste auf die Höhe des Glases zuschneiden. Die Höhen dürfen etwas variieren, so wirkt der Astmantel natürlicher und abwechslungsreicher. Nach dem Zuschnitt testen, ob es genügend Äste sind, um das Glas ringsherum zu ummanteln. Dann die Astteile mit Heißkleber am Glas befestigen. Wer keinen Heißkleber zur Hand hat, kann mit zwei helfenden Händen die Äste mit einer schönen Schnur befestigen. So hast du ein kleines Naturwunder geschaffen.

Schnee-
KUGEL

Eine kleine Winterwunderlandschaft kannst du mit diesem Schneekugel-Projekt erschaffen. Schneide auf Seite 107 den kleinen Pappaufsteller aus und klebe ihn mittig auf einen Teller oder in ein Schraubglas. Danach zarte Schneeflöckchen auf die kleine Winterlandschaft schneien lassen. Glasglocke auf den Teller stellen oder Schraubglas schließen, damit die Winterwelt vor Unwettern geschützt bleibt. So hält der Winter in die gute Stube Einzug.

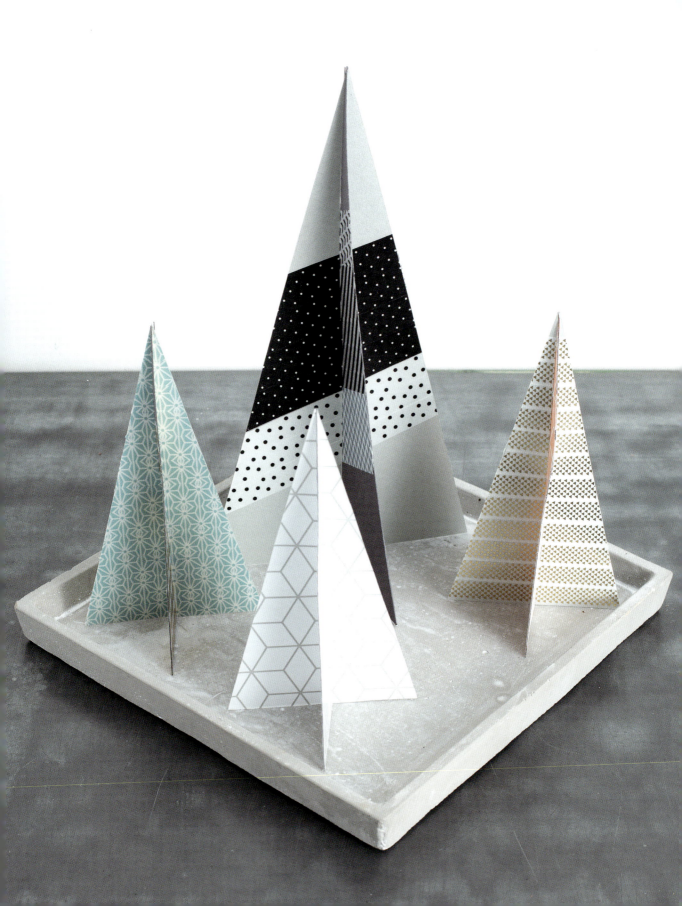

Tannenbäumchen-
STELLDICHEIN

Dies ist eine Einladung zum Tannenbäumchen-Stelldichein. Die grafischen Baumaufsteller sind einfach modern und ganz leicht herzustellen. Dafür werden zwei identische, gleichschenklige Dreiecke aus dicker Pappe ausgeschnitten und mit Klebebändern oder Dekopapieren beklebt. Damit die Teile perfekt ineinanderpassen, sollte die Schnittlänge aufeinander abgestimmt werden. Die eingeschlitzten Teile gekreuzt ineinanderstecken – fertig ist das Bäumchenrendezvous.

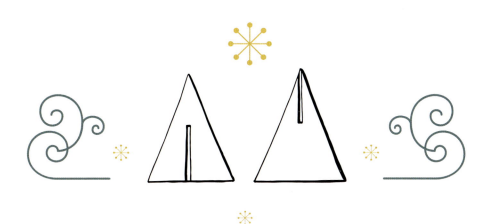

Gut TAFELN

In diesem Kapitel wird gut getafelt – mit Tafelfarbe. Steine werden zu Platzkarten, leere Sektflaschen zur Menükarte und Gurkengläser zu hübschen Windlichtern. Darüber hinaus werden noch weitere Ideen aufgetischt, denn das Auge isst ja bekanntlich mit.

TISCHLEIN DECK DICH

Mit diesen Ideen lässt sich gut tafeln. Menükarte, Windlicht oder Vase – Tafelfarbe ist ein Allround-Talent und kann vielseitig eingesetzt werden. Der Anstrich hat eine matte Oberfläche und kann mit Kreide oder Kreidestiften verziert und beschrieben werden. Falls mal was danebengeht, ist mit einem Wisch alles wieder weg, denn die Tafelfarbe ist wiederbeschreibbar. Diese Projekte wurden mit Tafelfarbe aus der Sprühdose gestaltet. Das geht schnell und die Oberfläche wird schön glatt. Das Glas für das Windlicht wird vor dem Besprühen mit Klebepunkten versehen, die nach dem Trocknen abgelöst werden. So entsteht ein Wechselspiel aus deckenden und transparenten Flächen. Durch die Punkte scheint später das Kerzenlicht, also nicht zu sparsam damit sein. Danach kann das Licht noch mit weißer Kreide verziert werden. Die Gläser für die Vase und Menükarte werden vollflächig besprüht und nach dem Trocknen beschriftet oder bemalt.

Handlettering-
LICHTERZAUBER

Merry CHRISTMAS

Vorlage zum Abzeichnen oder Fotografieren

Liebevoll gestaltete Schriftbilder sind voll im Trend. Mit wenigen Handgriffen und in kurzer Zeit kannst du ein wundervolles Lichtobjekt gestalten. Kopiere oder fotografiere die Vorlage oben und klebe sie in das Glas. So hast du eine perfekte Schriftvorlage zum Durchzeichnen. Jetzt ist nur noch ein ruhiges Händchen gefragt und der schöne Lichterzauber bringt deine Wohnung zum Strahlen.

FROHE WEIHNACHTEN

Vorlage zum Abzeichnen oder Fotografieren

Schöne Zeichnungen lassen sich ebenso auf das Glas übertragen wie Schriftbilder. Das Prinzip bleibt dasselbe: Einfach die Vorlage hinter das Glas kleben, und los geht's! Dafür verwendest du am besten einen Lack- oder Filzstift. Ein schönes Band am oberen Rand des Glases rundet die Gestaltung ab.

Vorlage zum Abzeichnen oder Fotografieren

Edle STEINE

ALS DEKORATION ODER PLATZKARTEN

Mit diesen edlen Stücken hast du bei deinen Gästen einen Stein im Brett. Die verzierten Steine sind ein echtes Highlight auf dem Festtagstisch. Mit Sprühfarbe und Lackstift lassen sich unzählige Designvarianten erstellen. Um die Naturstruktur des Steins zu erhalten, wird einfach ein Teil der Fläche vor dem Sprühen abgeklebt. Danach unsaubere Ränder mit einer breiten Lackstiftlinie kaschieren. Mit Tafelfarbe besprüht, verwandelst du die Steine zu wiederverwendbaren Platzkarten oder zu kleinen Schmuckstücken mit tollen Botschaften darauf. Probiere vorher an einem Teststein Farbvarianten und Muster aus.

Komm,
WIR STOSSEN AN!

Ein Hoch auf das Fest der Liebe. Komm, wir stoßen an! Diese simple Glasverzierung ist nützlich und schön zugleich. Damit hat jeder sein Glas im Blick und das Prosit erhält noch eine weihnachtliche Note. Einfach die Sternvorlage abfotografieren und ausdrucken. Danach mit Namen beschriften und die Sitzordnung steht.

Vorlage Glasanhänger

TANNENBAUM!

Wie wär's mal mit einer kleinen Weihnachtsvernissage? Schöne Wandbilder verleihen dem Star des Heiligen Abends einen gebührenden Rahmen. Ob gestempelt oder geklebt – abstrakte Baumkunst kennt keine Grenzen. Mit grafischen Stempeln oder Washi-Tape kannst du tolle, plakative Tannenbilder entwickeln. „O Tannenbaum!" werden die Betrachter bewundernd rufen …

WARUM FEIERN WIR *Weihnachten?*

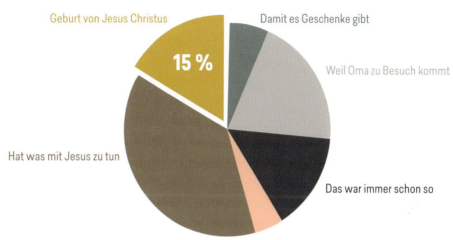

WEIHNACHTLICHE GEFÜHLE

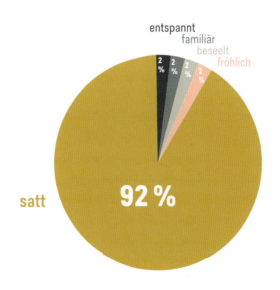

Tätigkeiten am 24.12. VORMITTAGS

 MANN:

– alle Geschenke kaufen –

 FRAU:

ausschlafen, die letzten Geschenke einpacken, kochen, „Drei Haselnüsse für Aschenbrödel" schauen, Plätzchen essen, Baum schmücken, Zimmer dekorieren, telefonieren, dabei „Der kleine Lord" schauen und die Kinder bespaßen, was Hübsches anziehen, schminken, Weihnachtslieder üben, Fragen der Kinder beantworten ...

 KINDER:

<u>Fragen stellen:</u> Mama, wann ist denn Bescherung?
Müssen wir vorher wirklich in die Kirche?

– kurz spielen –

<u>Noch mal fragen:</u> Mamaaaaa, wie lange ist es denn jetzt noch bis zur Bescherung?
Können wir nicht einfach früher in die Kirche?

– ganz kurz was basteln –

<u>Wieder fragen:</u> Maaaaaaamaaaaa, wieso ist denn nicht schon jetzt Bescherung?
Und wieso können wir nicht <u>NACH</u> der Bescherung in die Kirche gehen?

Traumjob
WEIHNACHTSMANN?

PRO	CONTRA
364 TAGE URLAUB	STRESSIGER ARBEITSTAG · INTENSIVE REISETÄTIGKEIT · HOHE ERKÄLTUNGSGEFAHR · DIENSTKLEIDUNG (MANTEL, MÜTZE, BART) · EXTREME KÖRPERLICHE BELASTUNG (GESCHENKE, KAMIN ETC.) · RENTIERGESTANK

Gibt es einen Weihnachtsmann?

EIN UNGEWÖHNLICHER BRIEF

Die achtjährige Virginia O'Hanlon aus New York wollte es ganz genau wissen.
Darum schrieb sie an die Tageszeitung „Sun" einen Brief:

„Ich bin acht Jahre alt. Einige von meinen Freunden
sagen, es gibt keinen Weihnachtsmann.
Papa sagt, was in der ‚Sun' steht, ist immer wahr.
Bitte, sagen Sie mir: Gibt es einen Weihnachtsmann?"

Virginia O'Hanlon

Die Sache war dem Chefredakteur Francis P. Church so wichtig, dass er selber antwortete – auf der Titelseite der „Sun":

Deine kleinen Freunde haben nicht recht. Sie glauben nur, was sie sehen; sie glauben, dass es nicht geben kann, was sie mit ihrem kleinen Geist nicht erfassen können. Aller Menschengeist ist klein, ob er nun einem Erwachsenen oder einem Kind gehört. Im Weltall verliert er sich wie ein winziges Insekt. Solcher Ameisenverstand reicht nicht aus, die ganze Wahrheit zu erfassen und zu begreifen. Ja, Virginia, es gibt einen Weihnachtsmann. Es gibt ihn so gewiss wie die Liebe und Großherzigkeit und Treue. Weil es all das gibt, kann unser Leben schön und heiter sein. Wie dunkel wäre die Welt, wenn es keinen Weihnachtsmann gäbe! Es gäbe dann auch keine Virginia, keinen Glauben, keine Poesie – gar nichts, was das Leben erst erträglich machte. Ein Flackerrest an sichtbarem Schönem bliebe übrig. Aber das Licht der Kindheit, das die Welt ausstrahlt, müsste verlöschen. Es gibt einen Weihnachtsmann, sonst könntest Du auch den Märchen nicht glauben. Gewiss, Du könntest Deinen Papa bitten, er solle am Heiligen Abend Leute ausschicken, den Weihnachtsmann zu fangen. Und keiner von ihnen bekäme den Weihnachtsmann zu Gesicht – was würde das beweisen? Kein Mensch sieht ihn einfach so. Das beweist gar nichts. Die wichtigsten Dinge bleiben meistens unsichtbar. Die Elfen zum Beispiel, wenn sie auf Mondwiesen tanzen. Trotzdem gibt es sie. All die Wunder zu denken – geschweige denn sie zu sehen –, das vermag nicht der Klügste auf der Welt. Was Du auch siehst, Du siehst nie alles. Du kannst ein Kaleidoskop aufbrechen und nach den schönen Farbfiguren suchen. Du wirst einige bunte Scherben finden, nichts weiter.

Warum? Weil es einen Schleier gibt, der die wahre Welt verhüllt, einen Schleier, den nicht einmal alle Gewalt auf der Welt zerreißen kann. Nur Glaube und Poesie und Liebe können ihn lüften. Dann werden die Schönheit und Herrlichkeit dahinter auf einmal zu erkennen sein. ‚Ist das denn auch wahr?', kannst Du fragen. Virginia, nichts auf der ganzen Welt ist wahrer und nichts beständiger. Der Weihnachtsmann lebt, und ewig wird er leben. Sogar in zehnmal zehntausend Jahren wird er da sein, um Kinder wie Dich und jedes offene Herz mit Freude zu erfüllen.

Frohe Weihnacht, Virginia.

Der Briefwechsel zwischen Virginia O'Hanlon und Francis P. Church stammt aus dem Jahr 1897. Er wurde über ein halbes Jahrhundert bis zur Einstellung der „Sun" 1950 in den USA alle Jahre zur Weihnachtszeit auf der Titelseite abgedruckt.

Heute ist Weihnachten

DER KLEINE HARMONIESTIFTER

Mit dem kleinen Harmoniestifter steht dem Fest der Liebe nichts mehr im Weg. Einfach den Button auf Seite 107 ausschneiden, auf eine dicke Pappe kleben, auf der Rückseite eine Sicherheitsnadel befestigen, und ab damit ans Revers! Für die Deluxe-Version: Buttonvorlagen ausschneiden und einen echten Button produzieren lassen. Ein friedliches Fest ist dir damit sicher.

MATERIAL ZUM
HERAUSTRENNEN & AUSSCHNEIDEN

LASCHE UMKNICKEN

WEIHNACHTSTÜRHÄNGER

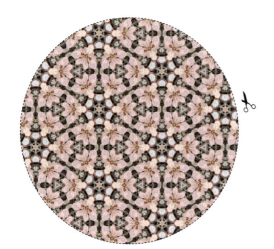

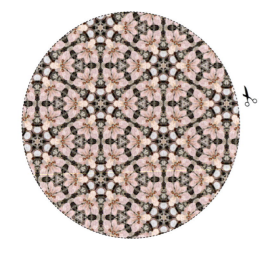

ZAHLEN FÜR TEELICHT-ADVENTSKRANZ